慣《かん》用《よう》句《く》さくいん

●数字は、このドリルであつかっている慣用句《かんようく》のページ数です。

※「慣用句《かんようく》」は、二つ以上の言葉が結びついて、元の意味とはちがった、決まった意味を表すもの。「ことわざ」は、昔の人のちえや教えが短い言葉で表されたもの。辞典によってはあつかい方がちがう言葉もある。

ことわざさくいん

●数字は、このドリルであつかっていることわざのページ数です。

ページ

1 慣用句《かんようく》

月　日　点

1 次の文章を読んで、後の問題に答えましょう。（一つ10点）

二つ以上の言葉が結びついて、新しい意味を表すようになった決まり文句《もんく》があります。

足がぼうになる

（長く歩くなどして、足がひどくつかれる。）

すずめのなみだ

ちょっぴり

（ひじょうに少ないこと。）

このような言葉を「慣用句《かんようく》」といいます。

(1) 上と下の言葉を——で結んで、慣用句《かんようく》を作りましょう。

① 手を　・　　・なみだ
② 足が　・　　・焼く
③ すずめの　・　　・ぬぐ
④ かぶとを　・　　・ぼうになる

まいりました

2 次の慣用句《かんようく》の意味になるように、合うほうを◯で囲みましょう。（一つ12点）

(1) うでをみがく

｛うでまえ ／ うで組み｝を高めるために努力する。

(2) 足がぼうになる

長く歩くなどして、｛体 ／ 足｝がひどくつかれる。

(3) 手を焼く

うまく処置《しょち》できなくて｛こまる ／ 何もしない｝。

(4) かぶとをぬぐ

相手の力をみとめて｛失望 ／ 降参《こうさん》｝する。

(5) えりを正す

気持ちを｛やわらげる ／ ひきしめる｝。

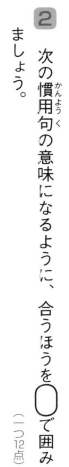

2 体の部分を使った慣用句《かんようく》①

月　日

点

1 次の文章を読んで、体の部分を使った慣用句《かんようく》を覚えましょう。（読んで20点）

慣用句《かんようく》の中には、体の部分を表す言葉を使ったものが多くあります。

手に入れる

（自分のものにする。）

頭をひねる

（よく考える。）

はらを立てる

（おこる。）

目を丸くする

（おどろく。）

首を長くする

（今か今かと待つ。）

むねをいためる

（ひどく心配する。）

他《ほか》にも、「足・口・耳・鼻・顔・うで・こし」などを使った慣用句《かんようく》があります。

2 下の意味の慣用句《かんようく》になるように、合うほうを◯で囲みましょう。（一つ16点）

(1) ｛手・足｝に入れる……自分のものにする。

(2) ｛頭・顔｝をひねる……よく考える。

(3) ｛口・目｝を丸くする……おどろく。

(4) ｛はら・こし｝を立てる……おこる。

(5) ｛かた・むね｝をいためる……ひどく心配する。

慣用句《かんようく》は、二つ以上の言葉が結びついて、本来のそれぞれの言葉とは別の新しい意味を表すようになった決まり文句《もんく》だよ。

3 体の部分を使った慣用句《かんようく》②

月　日

点

1 次の慣用句《かんようく》の使い方が正しいほうに、○をつけましょう。（一つ10点）

(1) 手に入れる

（　）ハンカチをポケットの中に手に入れた。

（　）ほしかったゲームをようやく手に入れた。

(2) 頭をひねる

（　）頭をひねっても、よい案がうかばない。

（　）頭をひねったら、首をいためた。

(3) はらを立てる

（　）いたずらばかりする弟にはらを立てる。

（　）おいしいケーキを食べてはらを立てる。

(4) むねをいためる

（　）遠足は、むねをいためるほど楽しかった。

（　）事故《じこ》の知らせを聞いてむねをいためる。

2 （　）に合う慣用句《かんようく》を、□から選んで書きましょう。（一つ12点）

(1) 小づかいを少しずつためて、天体望遠鏡を（　　　　　　）。

(2) イルカのすばらしい曲芸に、観客が（　　　　　　）。

(3) 友人からの手紙を（　　　　　　）待つ。

(4) けがをして休んでいる友人のことを思って、（　　　　　　）。

(5) ならんでいる列にわりこむ人に、（　　　　　　）。

手に入れた・首を長くして
むねをいためる・はらを立てる
目を丸くする

4 「手」を使った慣用句《かんようく》 ①

月　日　点

1 次の文章を読んで、後の問題に答えましょう。（一つ10点）

手を貸《か》す

（手助けをする。手伝《てつだ》う。）

手も足も出ない

（どうすることもできない。）

手にあせをにぎる

（こうふんしたり、きんちょうしたりしながら見守る。）

手がかかる

（それをするのに、時間と労力が必要である。）

「手」を使った慣用句《かんようく》には、手や手の働きに関係があるものが多くあります。

(1) 次の慣用句《かんようく》の意味に合うものを、——で結びましょう。

① 手を貸《か》す　・　　・それをするのに、時間と労力が必要である。

② 手も足も出ない　・　　・手助けをする。手伝《てつだ》う。

③ 手がかかる　・　　・どうすることもできない。

2 下の意味の慣用句《かんようく》になるように、合うほうを◯で囲みましょう。（一つ14点）

(1) { 手 ／ 足 } がかかる……
［それをするのに、時間と労力が必要である。］

(2) 手も { 手 ／ 足 } も出ない……どうすることもできない。

(3) 手を { 貸《か》す ／ 放す } ……手助けをする。手伝《てつだ》う。

(4) 手に { とる ／ 入る } ように……
［目の前にあるかのように、はっきりと。］

(5) 手に { ねこ ／ あせ } をにぎる……
［こうふんしたり、きんちょうしたりしながら見守る。］

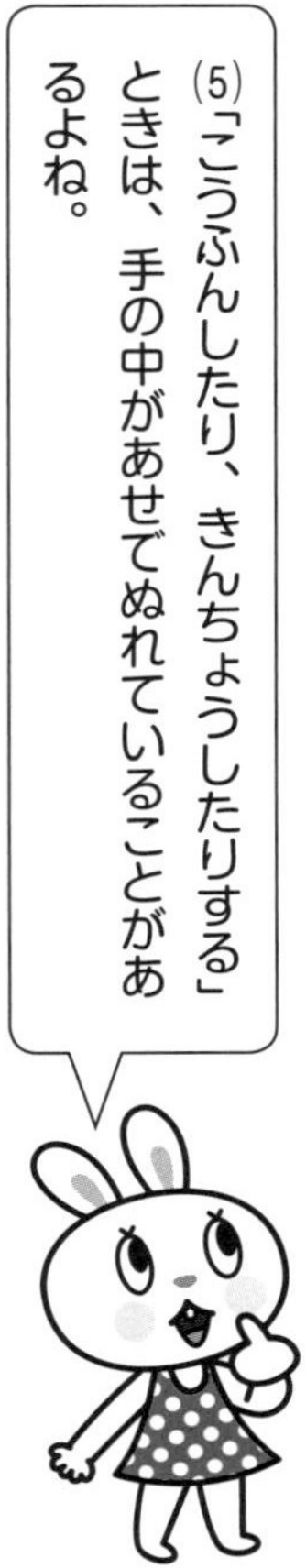
(5)「こうふんしたり、きんちょうしたりする」ときは、手の中があせでぬれていることがあるよね。

5 「手」を使った慣用句《かんようく》 ②

月　日　点

1 次の慣用句《かんようく》の使い方が正しいほうに、○をつけましょう。（一つ10点）

(1) 手を貸《か》す

（　）荷物を運ぶ友人に手を貸《か》す。

（　）読み終わった本を弟に手を貸《か》す。

(2) 手も足も出ない

（　）兄弟で楽しく遊んで手も足も出なかった。

（　）相手チームは強すぎて手も足も出なかった。

(3) 手がかかる

（　）弟は、まだ小さいので手がかかる。

（　）姉は、バス通学なので手がかかる。

(4) 手にあせをにぎる

（　）公園まで行って手にあせをにぎった。

（　）白熱した試合に手にあせをにぎった。

(2)の「手も足も出ない」は、「どうすることもできない」という意味だよ。

2 （　）に合う慣用句《かんようく》を、□から選んで書きましょう。（一つ12点）

(1) たくさんの荷物をかかえたおばあさんに（　　　　）。

(2) わたしが小さかったころは、たいへん（　　　　）そうだ。

(3) 山本さんの説明は上手《じょうず》だったので、（　　　　）わかった。

(4) 試合終了《しゅうりょう》まで白熱した戦いが続いて、（　　　　）。

(5) 百メートル走では、外国の選手が速すぎて、日本選手は（　　　　）。

> 手にとるように・手を貸《か》した・手がかかった・手も足も出なかった・手にあせをにぎった

6 「足」を使った慣用句《かんようく》 ①

月　日　点

1 次の文章を読んで、後の問題に答えましょう。（一つ10点）

足をひっぱる
（人の成功やものごとの進行のじゃまをする。）
足を運ぶ
パンケーキ
cafe
（わざわざ出かけていく。）
足が地につかない
発表会
（態度《たいど》や気持ちが落ち着かない。）
足下《あしもと》にもおよばない
（相手の能力《のうりょく》がすぐれていて、比《くら》べものにならない。）

「足」を使った慣用句《かんようく》には、足や足の働きに関係があるものが多くあります。

(1) 次の慣用句《かんようく》の意味に合うものを、——で結びましょう。

① 足を運ぶ　・　　・人の成功やものごとの進行のじゃまをする。

② 足をひっぱる　・　　・態度《たいど》や気持ちが落ち着かない。

③ 足が地につかない　・　　・わざわざ出かけていく。

2 下の意味の慣用句《かんようく》になるように、合うほうを〇で囲みましょう。（一つ14点）

(1) 手／足 のふみ場もない…足を入れるすき間がないほど散らかっている様子。

(2) 足を 運ぶ／遊ぶ …わざわざ出かけていく。

(3) 足を つっぱる／ひっぱる …人の成功やものごとの進行のじゃまをする。

(4) あげ足／足下《あしもと》 にもおよばない…相手の能力《のうりょく》がすぐれていて、比《くら》べものにならない。

(5) 足が 地／家 につかない…態度《たいど》や気持ちが落ち着かない。

7 「足」を使った慣用句《かんようく》 ②

月　日

点

1 次の慣用句《かんようく》の使い方が正しいほうに、○をつけましょう。（一つ10点）

(1) 足をひっぱる

（　）わたしが失敗して、足をひっぱった。

（　）わたしがうまくできたので、足をひっぱった。

(2) 足を運ぶ

（　）そうじをする前に、部屋《へや》から足を運んだ。

（　）劇《げき》を見るために、多くの人が足を運んだ。

(3) 足が地につかない

（　）歩きつかれてしまい、足が地につかなかった。

（　）受賞の知らせを聞き、足が地につかなかった。

(4) 足下《あしもと》にもおよばない

（　）兄は帰りがおそくて、足下《あしもと》にもおよばない。

（　）ぼくは、兄の足下《あしもと》にもおよばない。

(2)の「足を運ぶ」とは、「わざわざ出かけていく」という意味だよ。

2 （　）に合う慣用句《かんようく》を、[　]から選んで書きましょう。（一つ12点）

(1) 調べものをするために、図書館に何度も（　　　　）。

(2) 弟が遊んだ後は、（　　　　）ぐらい部屋《へや》がおもちゃで散らかっている。

(3) ぼくは、野球の試合で何度もエラーをして、チームの（　　　　）。

(4) わたしの歌なんて、あの歌手の（　　　　）。

(5) 試験の合格《ごうかく》発表が近づいてくると、まるで（　　　　）。

足をひっぱった・足のふみ場もない
足を運んだ・足が地につかない
足下《あしもと》にもおよばない

8 「目」を使った慣用句《かんようく》 ①

月　日

点

1 次の文章を読んで、後の問題に答えましょう。（一つ10点）

目を付ける
（特に注目する。）
目も当てられない
（あまりにもひどくて、見ていられない。）
目を見張《みは》る
（感心したりおどろいたりして、目を大きく開く。）
目にうかぶ
（目の前にあるように、ありありと想《そう》像《ぞう》される。）

「目」を使った慣用句《かんようく》には、目や目の働きに関係があるものや、気持ちを表すものがあります。

(1) 次の慣用句《かんようく》の意味に合うものを、——で結びましょう。

① 目と鼻の先・　　・特に注目する。

② 目を付ける・　　・きょりがとても近いこと。

③ 目を見張《みは》る・　　・感心したりおどろいたりして、目を大きく開く。

2 下の意味の慣用句《かんようく》になるように、合うほうを◯で囲みましょう。（一つ14点）

(1) 〔口・目〕を付ける…特に注目する。

(2) 目と〔耳・鼻〕の先…きょりがとても近いこと。

(3) 目を〔見張《みは》る・ぬすむ〕…〔感心したりおどろいたりして、目を大きく開く。〕

(4) 目に〔遊ぶ・うかぶ〕…〔目の前にあるように、ありありと想像《そうぞう》される。〕

(5) 目も〔入れ・当て〕られない…〔あまりにもひどくて、見ていられない。〕

(3)の「目を○○○」とは、目を大きく見開いた様子のことをいうよ。

9 「目」を使った慣用句《かんようく》 ②

月　日　　点

1 次の慣用句《かんようく》の使い方が正しいほうに、○をつけましょう。（一つ10点）

(1) 目と鼻の先

（　）妹は、目と鼻の先に泣《な》いていた。

（　）駅から目と鼻の先に花屋さんがある。

(2) 目を付ける

（　）弟は、ズボンにどろや目を付けて帰った。

（　）前から目を付けていたリボンを買った。

(3) 目も当てられない

（　）事《じ》故《こ》現《げん》場《ば》の様子は、目も当てられなかった。

（　）福引きは、一つも目も当てられなかった。

(4) 目にうかぶ

（　）ふろの中でタオルが目にうかんだ。

（　）母のうれしそうな顔が目にうかんだ。

(3)「目も当てられない」とは、「見ていられない」ということだよ。

2 （　）に合う慣用句《かんようく》を、[ ]から選んで書きましょう。（一つ12点）

(1) 前から（　　　）おいたゲームを、お年玉で買った。

(2) ここから（　　　）に図書館がある。

(3) サッカーの試合は、十対一の大差で負けて、（　　　）。

(4) クラス対こうのリレーでの山本さんの活やくは、（　　　）ものがあった。

(5) プレゼントを手にしたときの、うれしそうな妹の様子が（　　　）。

目を見張《みは》る・目にうかぶ
目を付けて・目と鼻の先
目も当てられなかった

10 「口」を使った慣用句《かんようく》 ①

月　日　点

1 次の文章を読んで、後の問題に答えましょう。（一つ10点）

口がすべる
（言ってはいけないことを、うっかり話す。）
口をそろえる
（みんなが同じことを言う。）
口をはさむ
（話の中にわりこんで言う。）
口をとがらせる
（不満そうな顔をする。）

「口」を使った慣用句《かんようく》には、口や口の働きに関係があるものが多くあります。

(1) 次の慣用句《かんようく》の意味に合うものを、――で結びましょう。

① 口にする　・　　・話の中にわりこんで言う。

② 口がすべる　・　　・飲んだり食べたりする。しゃべる。

③ 口をはさむ　・　　・言ってはいけないことを、うっかり話す。

2 下の意味の慣用句《かんようく》になるように、合うほうを〇で囲みましょう。（一つ14点）

(1) ｛口／目｝をそろえる…みんなが同じことを言う。

(2) 口が｛かたい／すべる｝…言ってはいけないことを、うっかり話す。

(3) 口を｛はさむ／取る｝…話の中にわりこんで言う。

(4) 口に｛ある／する｝…飲んだり食べたりする。

(5) 口を｛合わせる／とがらせる｝…不満そうな顔をする。

(4)の「口に〇〇」には、「言葉に出して言う」という意味もあるよ。

11 「口」を使った慣用句《かんようく》 ②

月　日　点

1 次の慣用句《かんようく》の使い方が正しいほうに、◯をつけましょう。（一つ10点）

(1) 口をはさむ

（　）友達《ともだち》と話していたら、母が横から口をはさんだ。

（　）朝、パンにハムや口をはさんで食べた。

(2) 口をそろえる

（　）店員が、お客の口をそろえて案内する。

（　）住民が、口をそろえて反対する。

(3) 口をとがらせる

（　）姉は、口をとがらせたえん筆で書いた。

（　）弟は、口をとがらせて兄に文句《もんく》を言った。

(4) 口にする

（　）グラウンドで友達《ともだち》とサッカーを口にする。

（　）旅館で地元の料理を口にする。

(3)不平や不満があるときには、
口をとがらせてぶつぶつ言ってしまうよね。

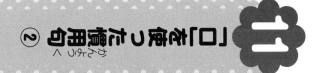

2 （　）に合う慣用句《かんようく》を、[　]から選んで書きましょう。（一つ12点）

(1) わたしは、つい（　　　　　　）、ひみつにしていた話を友達《ともだち》に言ってしまった。

(2) あの人は、スポーツ記者たちが（　　　　　　）言うほど、すばらしい選手だ。

(3) 父に反対されると、兄は不満そうに（　　　　　　）。

(4) みんながしんけんに話し合っていて、（　　　　　　）ことができなかった。

(5) 去年の正月は、父の実家でめずらしい料理を（　　　　　　）。

口をはさむ・口がすべって
口にした・口をそろえて
口をとがらせた

12 体の部分を使った慣用句《かんようく》 ——まとめ

月　日　点

1 下の意味の慣用句《かんようく》になるように、（　）に合う言葉を［　］から選んで書きましょう。（一つ10点）

(1)（　　　）にうかぶ…［目の前にあるように、ありありと想像《そうぞう》される。］

(2)（　　　）をはさむ…話の中にわりこんで言う。

(3)（　　　）を運ぶ…わざわざ出かけていく。

(4)（　　　）をみがく…［うでまえを高めるために努力する。］

(5)（　　　）も足も出ない…［どうすることもできない。］

［口・目・手・足・うで］

2 （　）に合う慣用句《かんようく》を、[　]から選んで書きましょう。（一つ10点）

(1) 一日中歩き回って（　　　　）。

(2) 子どもが小さいうちは（　　　　）。

(3) 先日のテストの結果は（　　　　）。

(4) 田中さんの意見に、クラスのみんなは（　　　　）賛成《さんせい》した。

(5) ぼくの絵なんて、あの人の（　　　　）。

手を貸《か》した ・ 足がぼうになる
目も当てられない ・ 足下《あしもと》にもおよばない
口をそろえて ・ 手がかかる

13 その他の慣用《かんよう》句《く》 ①

1 次の文章を読んで、後の問題に答えましょう。（一つ10点）

月　日　点

体の部分以外の慣用《かんよう》句《く》にも、おもしろい表現《ひょうげん》がいろいろあります。

水に流す
（過去《かこ》にあった争いごとなどを、なかったことにする。）
おひれをつける
こんなに大きかった！
（事実以上に大げさにする。）
あわを食う
（おどろいてあわてる。）
あながあったら入りたい
（とてもはずかしくなる。）
しらを切る
ケーキ知らない？
（知らないふりをする。）
火花を散らす
（おたがいにはげしく争う。）

(1) 次の慣用《かんよう》句《く》の意味に合うものを、——で結びましょう。

① しらを切る　・　　・おたがいにはげしく争う。

② 火花を散らす　・　　・知らないふりをする。

2 下の意味の慣用句《かんようく》になるように、合うほうを◯で囲みましょう。（一つ16点）

(1) ｛水／川｝に流す…［過去《かこ》にあった争いごとなどを、なかったことにする。］

(2) ｛しら／口火｝を切る…知らないふりをする。

(3) ｛火花／ごみ｝を散らす…おたがいにはげしく争う。

(4) ｛しっぽ／おひれ｝をつける…事実以上に大げさにする。

(5) ｛あな／ドア｝があったら入りたい…［とてもはずかしくなる。］

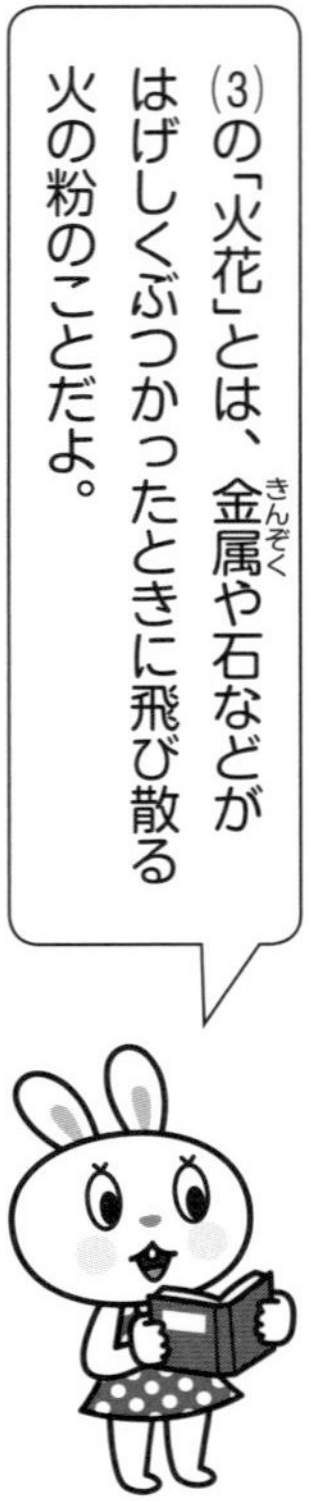
(3)の「火花」とは、金属《きんぞく》や石などがはげしくぶつかったときに飛び散る火の粉のことだよ。

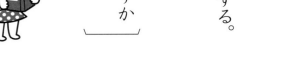

14 その他の慣用句《かんようく》②

月　日　点

1 次の文章を読んで、後の問題に答えましょう。（一つ10点）

動物や道具などの名前を使った慣用句《かんようく》もあります。

馬が合う

（おたがいに気が合う。）

くぎをさす

（まちがいがないように、前もって注意する。）

きゅうをすえる

（きつく注意したり、ばつをあたえたりして、こらしめる。）

ねこをかぶる

（本当のすがたをかくして、おとなしいふりをする。）

お茶をにごす

（いいかげんなことを言って、その場をごまかす。）

花を持たせる

（勝ちや名よをゆずって、相手を引き立たせる。）

(1) 次の慣用句《かんようく》の意味に合うものを、——で結びましょう。

① **馬**が合う　・　　・勝ちや名よをゆずって、相手を引き立たせる。

② **花**を持たせる　・　　・おたがいに気が合う。

2 下の意味の慣用《かんよう》句《く》になるように、合うほうを◯で囲みましょう。（一つ16点）

(1) ｛犬／馬｝が合う…〔おたがいに気が合う。〕

(2) ｛ねこ／ぶた｝をかぶる…〔本当のすがたをかくして、おとなしいふりをする。〕

(3) ｛お茶／お湯｝をにごす…〔いいかげんなことを言って、その場をごまかす。〕

(4) ｛大《たい》ほう／きゅう｝をすえる…〔きつく注意したり、ばつをあたえたりして、こらしめる。〕

(5) ｛はり／くぎ｝をさす…〔まちがいがないように、前もって注意する。〕

(4)の「きゅう」とは、「体のつぼに置いたもぐさに火をつけて、その熱で病気を治す方法」のことだよ。

15 その他の慣用句《かんようく》 ③

月　日　点

1 次の慣用句《かんようく》の使い方が正しいほうに、○をつけましょう。（一つ10点）

(1) 馬が合う

（　）兄と弟は馬が合うので、よくけんかする。

（　）林さんとは馬が合うのか、話がはずむ。

(2) あわを食う

（　）台所にごきぶりがいたので、あわを食った。

（　）おなかがすいたので、あわを食った。

(3) 花を持たせる

（　）荷物が多いので、父は妹に花を持たせた。

（　）弟に花を持たせて、ぼくはゲームにわざと負けた。

(4) ねこをかぶる

（　）妹は、ねこをかぶって、大声で笑う。

（　）姉は、よその家だと、ねこをかぶっている。

(5) きゅうをすえる

（　）祖父は、毎日茶わんにきゅうをすえる。

（　）父は、いたずらした弟にきゅうをすえる。

2 （　）に合う慣用句《かんようく》を、[　]から選んで書きましょう。（一つ10点）

(1) これまでのことは（　　　　）、共にチームのためにがんばる。

(2) 弟がつまみ食いしたのはわかっているのに、（　　　　）平然としている。

(3) 人ちがいをして、知らない人に気軽に声をかけてしまい、（　　　　）。

(4) 姉は、人から聞いた話に（　　　　）話をした。

(5) 上位チームどうしが（　　　　）戦いになる。

しらを切って・おひれをつけて
火花を散らす・水に流して
あながあったら入りたい

16 ことわざ

月　日

点

1 次の文章を読んで、後の問題に答えましょう。（一つ10点）

「ことわざ」は、昔から人々の間で言い伝えられてきた言葉で、生活に役立つちえや教えなどを、短い言葉で表したものです。

花《はな》よりだんご

（見て美しいものより、実際《じっさい》に役立つもののほうがよいこと。）

急《いそ》がば回《まわ》れ

（急ぐときは、遠回りでも安全な道を行ったほうが結局は早いこと。）

(1) 上と下の言葉を——で結んで、ことわざを作りましょう。

① 花より　・　　・急《いそ》げ

② 急がば　・　　・だんご

③ 善《ぜん》は　・　　・三年《さんねん》

④ 石《いし》の上《うえ》にも　・　　・回れ

2 次のことわざの意味になるように、合うほうを◯で囲みましょう。（一つ10点）

(1) 急がば回れ

急ぐときは、｛近道／遠回り｝でも安全な道を行ったほうが結局は｛早い／おそい｝こと。

(2) 花よりだんご

｛見て／食べて｝美しいものより、実際《じっさい》に｛おもしろいもの／役立つもの｝のほうがよいこと。

(3) 石の上にも三年

｛いきおい／しんぼう｝強くやりぬけば、いつかは｛失敗／成功｝するというたとえ。

17 生き物を使ったことわざ ①

月　日　　点

1 次の文章を読んで、動物や生き物を使ったことわざを覚えましょう。（読んで20点）

ことわざの中には、動物や生き物を表す言葉を使ったものが多くあります。

さるも木《き》から落《お》ちる

（どんな名人でも失敗することがあるというたとえ。）

馬《うま》の耳《みみ》に念仏《ねんぶつ》

（いくら言ってもききめがないこと。）

えびでたいをつる

（わずかなもので大きな利益《りえき》を得ることのたとえ。）

ねこにかつお節《ぶし》

（その人が好きな物をその人のそばに置いておくと油断《ゆだん》できず、あやまちの起こるもとになるというたとえ。）

泣《な》きっ面《つら》にはち

（悪いことが起きたときに、さらに悪いことが重なることのたとえ。）

月《つき》とすっぽん

（二つのものが大きくちがうことのたとえ。）

他にも、国語辞典などでさがしてみましょう。

2 下の意味のことわざになるように、合うほうを◯で囲みましょう。（一つ16点）

(1) ｛ねこ／さる｝にかつお節《ぶし》…［その人が好きな物をその人のそばに置いておくと油断《ゆだん》できず、あやまちの起こるもとになるというたとえ。］

(2) ｛ねこ／さる｝も木から落ちる…［どんな名人でも失敗することがあるというたとえ。］

(3) ｛馬／犬｝の耳に念仏《ねんぶつ》…［いくら言ってもききめがないこと。］

(4) 月と｛ボール／すっぽん｝…［二つのものが大きくちがうことのたとえ。］

(5) 泣《な》きっ面《つら》に｛はえ／はち｝…［悪いことが起きたときに、さらに悪いことが重なることのたとえ。］

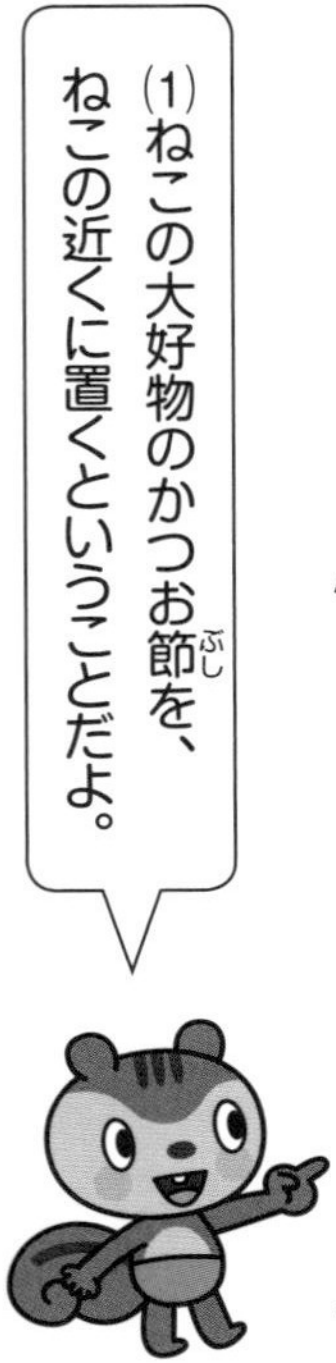

(1)ねこの大好物のかつお節《ぶし》を、ねこの近くに置くということだよ。

18 生き物を使ったことわざ ②

月　日　点

1 次のことわざの意味に合うものを[　]から選んで、記号を書きましょう。（一つ10点）

(1) さるも木から落ちる（　）

(2) 月とすっぽん（　）

(3) 馬の耳に念仏《ねんぶつ》（　）

(4) 泣《な》きっ面《つら》にはち（　）

(5) えびでたいをつる（　）

ア　二つのものが大きくちがうことのたとえ。
イ　いくら言ってもききめがないこと。
ウ　どんな名人でも失敗することがあるというたとえ。
エ　わずかなもので大きな利益《りえき》を得ることのたとえ。
オ　悪いことが起きたときに、さらに悪いことが重なることのたとえ。

2 下の意味のことわざになるように、（　）に合う言葉を［　］から選んで書きましょう。（一つ10点）

(1) （　　　）も木から落ちる……［どんな名人でも失敗することがあるというたとえ。］

(2) （　　　）の耳に念仏《ねんぶつ》……［いくら言ってもききめがないこと。］

(3) （　　　）でたいをつる……［わずかなもので大きな利益《りえき》を得ることのたとえ。］

(4) 泣《な》きっ面《つら》に（　　　）……［悪いことが起きたときに、さらに悪いことが重なることのたとえ。］

(5) 月と（　　　）……［二つのものが大きくちがうことのたとえ。］

ねこ・はち・すっぽん
さる・えび・馬

19 「ねこ・犬」を使ったことわざ①

月　日　点

1 次の文章を読んで、後の問題に答えましょう。（一つ10点）

動物を使ったことわざの中から、ねこ・犬のことわざを集めました。

ねこに小判《こばん》

（どんなに良いものでも、価値《かち》のわからない人には役立たないこと。）

犬《いぬ》も歩《ある》けばぼうに当《あ》たる

（いろいろやってみれば、思いがけない幸運に出あうことがある。）

ねこの手《て》も借《か》りたい

（だれでもよいから手伝《てつだ》ってほしいほどいそがしいこと。）

飼《か》い犬《いぬ》に手《て》をかまれる

（自分が世話してきたものに、ひどいめにあわされることのたとえ。）

(1) 上と下の言葉を——で結んで、ことわざを作りましょう。

① 犬も歩けば　・　　・小判《こばん》

② ねこに　・　　・変《か》わる

③ ねこの目《め》のように　・　　・ぼうに当たる

2 下の意味のことわざになるように、合うほうを◯で囲みましょう。（一つ14点）

(1) {ねこ / とら} に小判《こばん》…〔どんなに良いものでも、価値《かち》のわからない人には役立たないこと。〕

(2) ねこの {足 / 手} も借りたい…〔だれでもよいから手伝《てつだ》ってほしいほどいそがしいこと。〕

(3) ねこの {目 / 耳} のように変わる…〔ものごとがつぎつぎと変わることのたとえ。〕

(4) {犬 / 馬} も歩けば…〔いろいろやってみれば、思いがけない幸運に出あうことがある。〕ぼうに当たる

(5) 飼《か》い犬《いぬ》に {足 / 手} を…〔自分が世話してきたものに、ひどいめにあわされることのたとえ。〕かまれる

20 「ねこ・犬」を使ったことわざ ②

月　日　点

1 次のことわざの意味に合うものを［　］から選んで、記号を書きましょう。（一つ10点）

(1) ねこに小判《こばん》……（　）

(2) ねこの目のように変わる……（　）

(3) ねこの手も借りたい……（　）

(4) 飼《か》い犬《いぬ》に手をかまれる……（　）

(5) 犬も歩けばぼうに当たる……（　）

ア　ものごとがつぎつぎと変わることのたとえ。

イ　だれでもよいから手伝《てつだ》ってほしいほどいそがしいこと。

ウ　どんなに良いものでも、価値《かち》のわからない人には役立たないこと。

エ　いろいろやってみれば、思いがけない幸運に出あうことがある。

オ　自分が世話してきたものに、ひどいめにあわされることのたとえ。

2 下の意味のことわざになるように、（　）に合う言葉を［　］から選んで書きましょう。（一つ10点）

(1) ねこに（　　　）…どんなに良いものでも、価《か》値《ち》のわからない人には役立たないこと。

(2) ねこの（　　　）のように変わる…ものごとがつぎつぎと変わることのたとえ。

(3) ねこの（　　　）も借りたい…だれでもよいから手伝《てつだ》ってほしいほどいそがしいこと。

(4) 犬も歩けば（　　　）に当たる…いろいろやってみれば、思いがけない幸運に出あうこともある。

(5) 飼《か》い（　　　）に手をかまれる…自分が世話してきたものに、ひどいめにあわされることのたとえ。

手・ぼう・牛
目・小判《こばん》・犬

21 「鳥・虫」を使ったことわざ ①

月　日　点

1 次の文章を読んで、後の問題に答えましょう。（一つ10点）

動物を使ったことわざの中から、鳥・虫のことわざを集めました。

立《た》つ鳥《とり》あとをにごさず

（立ち去るときは、きちんとあと始末していかなければならないというたとえ。）

能《のう》あるたかはつめをかくす

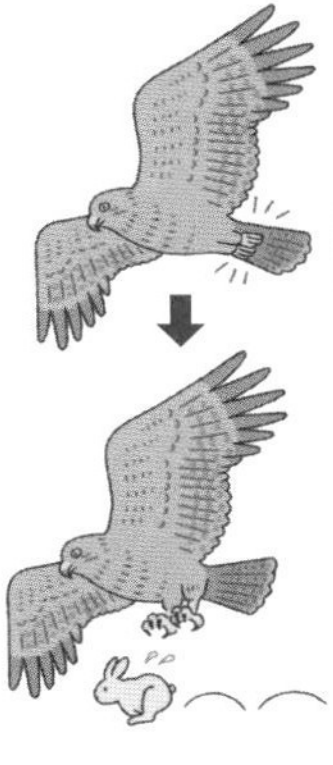

（本当に力のある人は、やたらにその力を見せたりはしないというたとえ。）

つるの一声《ひとこえ》

（多くの人をしたがわせる力のある人のひと言。）

飛《と》んで火《ひ》に入《い》る夏《なつ》の虫《むし》

（自分から進んで危険《きけん》やわざわいに飛びこんでいくことのたとえ。）

(1) 上と下の言葉を——で結んで、ことわざを作りましょう。

① 立つ鳥 ・　　・あとをにごさず

② 飛んで火に入《い》る・　　・五分《ごぶ》のたましい

③ 一寸《いっすん》の虫《むし》にも ・　　・夏の虫

2 下の意味のことわざになるように、合うほうを〇で囲みましょう。（一つ14点）

(1) ｛からす／つる｝の一声《ひとこえ》…［多くの人をしたがわせる力のある人のひと言。］

(2) 能《のう》ある｛たか／はと｝はつめをかくす…［本当に力のある人は、やたらにその力を見せたりはしないというたとえ。］

(3) 立つ｛鳥／席｝あとをにごさず…［立ち去るときは、きちんとあと始末していかなければならないというたとえ。］

(4) 飛んで火に入《い》る夏の｛虫／鳥｝…［自分から進んで危険《きけん》やわざわいに飛びこんでいくことのたとえ。］

(5) 一寸《いっすん》の｛虫／魚｝にも五分《ごぶ》のたましい…［どんなに小さく弱いものでも、それぞれの考えや意地があるというたとえ。］

22 「鳥・虫」を使ったことわざ ②

月　日　　点

1 次のことわざの意味に合うものを□から選んで、記号を書きましょう。（一つ10点）

(1) つるの一声《ひとこえ》……（　）

(2) 立つ鳥あとをにごさず……（　）

(3) 飛んで火に入《い》る夏の虫……（　）

(4) 能《のう》あるたかはつめをかくす……（　）

(5) 一寸《いっすん》の虫にも五分《ごぶ》のたましい……（　）

ア 自分から進んで危険《きけん》やわざわいに飛びこんでいくことのたとえ。

イ 多くの人をしたがわせる力のある人のひと言。

ウ 立ち去るときは、きちんとあと始末していかなければならないというたとえ。

エ どんなに小さく弱いものでも、それぞれの考えや意地があるというたとえ。

オ 本当に力のある人は、やたらにその力を見せたりはしないというたとえ。

2 下の意味のことわざになるように、（　）に合う言葉を［　］から選んで書きましょう。（一つ10点）

(1) つるの（　　　　）…〔多くの人をしたがわせる力のある人のひと言。〕

(2) 立つ鳥（　　　　）をにごさず…〔立ち去るときは、きちんとあと始末していかなければならないというたとえ。〕

(3) 能《のう》あるたかは（　　　　）をかくす…〔本当に力のある人は、やたらにその力を見せたりはしないというたとえ。〕

(4) 飛んで（　　　　）に入《い》る夏の虫…〔自分から進んで危険《きけん》やわざわいに飛びこんでいくことのたとえ。〕

(5) 五分《ごぶ》の（　　　　）の虫にも五分のたましい…〔どんなに小さく弱いものでも、それぞれの考えや意地があるというたとえ。〕

つめ・火・一寸《いっすん》
一声《ひとこえ》・水・あと

23 その他の生き物などを使ったことわざ ①

月　日

点

1 次の文章を読んで、後の問題に答えましょう。（一つ10点）

いろいろな生き物などを使ったことわざを覚えましょう。

かえるの面《つら》に水《みず》

（どんなことを言われても、されても、平気でいること。）

ぶたに真珠《しんじゅ》

（どんなに良いものでも、価値《かち》のわからない人には役立たないこと。）

おにに金《かな》ぼう

（強いものが、さらに強さを増《ま》すこと。）

かっぱの川流《かわなが》れ

（どんな名人でも失敗することがあるというたとえ。）

(1) 上と下の言葉を——で結んで、ことわざを作りましょう。

① かえるの・	・金ぼう
② おにに・	・魚《さかな》は大《おお》きい
③ にがした・	・面《つら》に水
④ かっぱの・	・川流れ

2 下の意味のことわざになるように、合うほうを〇で囲みましょう。（一つ12点）

(1) にがした｛鳥・魚｝は大きい…

（手に入れかけたものは、実際《じっさい》のものよりりっぱに思えること。）

(2) ｛へび・おに｝に金《かな》ぼう…

（強いものが、さらに強さを増《ま》すこと。）

(3) ｛かえる・うなぎ｝の面《つら》に水…

（どんなことを言われても、されても、平気でいること。）

(4) ｛ぶた・やぎ｝に真珠《しんじゅ》…

（どんなに良いものでも、価《か》値《ち》のわからない人には役立たないこと。）

(5) ｛かえる・かっぱ｝の川流れ…

（どんな名人でも失敗することがあるというたとえ。）

(3)は、かえるの顔に水をかけても平気でいることからできたことわざだよ。

24 その他の生き物などを使ったことわざ ②

月　日

点

1 次のことわざの意味に合うものを［　］から選んで、記号を書きましょう。（一つ10点）

(1) かえるの面《つら》に水……（　）

(2) ぶたに真珠《しんじゅ》……（　）

(3) おにに金《かな》ぼう……（　）

(4) にがした魚は大きい……（　）

(5) かっぱの川流れ……（　）

ア　強いものが、さらに強さを増《ま》すこと。

イ　どんなことを言われても、されても、平気でいること。

ウ　どんな名人でも失敗することがあるというたとえ。

エ　手に入れかけたものは、実際《じっさい》のものよりりっぱに思えること。

オ　どんなに良いものでも、価値《かち》のわからない人には役立たないこと。

2 下の意味のことわざになるように、（　）に合う言葉を［　］から選んで書きましょう。（一つ10点）

(1) かえるの面《つら》に（　　）…［どんなことを言われても、されても、平気でいること。］

(2) おにに（　　）…［強いものが、さらに強さを増《ま》すこと。］

(3) ぶたに（　　）…［どんなに良いものでも、価《か》値《ち》のわからない人には役立たないこと。］

(4) かっぱの（　　）…［どんな名人でも失敗することがあるというたとえ。］

(5) にがした魚は（　　）…［手に入れかけたものは、実際《じっさい》のものよりりっぱに思えること。］

金ぼう・風・大きい
川流れ・水・真珠《しんじゅ》

25 生き物などを使ったことわざ —まとめ

月　日　点

1 下の意味のことわざになるように、（　）に合う言葉を［　］から選んで書きましょう。（一つ10点）

(1) 木から落ちる（　　）も…［どんな名人でも失敗することがあるというたとえ。］

(2) 耳に念仏《ねんぶつ》（　　）の…いくら言ってもききめがないこと。

(3) （　　）に小判《こばん》…［どんなに良いものでも、価値《かち》のわからない人には役立たないこと。］

(4) （　　）の一声《ひとこえ》…［多くの人をしたがわせる力のある人のひと言。］

(5) （　　）に金ぼう…［強いものが、さらに強さを増《ま》すこと。］

［ねこ・さる・馬・おに・ぶた・つる］

2 次のことわざの意味になるように、（　）に合う言葉を［　］から選んで書きましょう。（一つ10点）

(1) にがした魚は大きい
手に入れかけたものは、実際《じっさい》のものより（　　）に思えること。

(2) 月とすっぽん
二つのものが大きく（　　）ことのたとえ。

(3) 犬も歩けばぼうに当たる
いろいろやってみれば、思いがけない（　　）に出あうことがある。

(4) 能《のう》あるたかはつめをかくす
本当に（　　）のある人は、やたらにその力を見せたりはしないというたとえ。

(5) かえるの面《つら》に水
どんなことを言われても、されても、（　　）でいること。

力・気・幸運・平気・りっぱ・ちがう

26 その他のことわざ ①

月　日

点

1 次の文章を読んで、後の問題に答えましょう。（一つ10点）

その他のことわざで、よく見聞きするものを覚えましょう。

雨《あめ》ふって地《じ》固《かた》まる

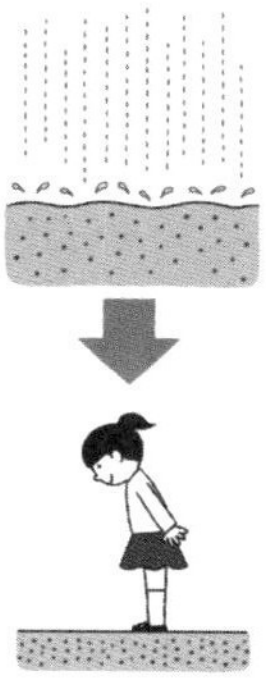

（もめごとがあった後は、かえって前よりよい状態《じょうたい》になるというたとえ。）

灯台《とうだい》もと暗《くら》し

（身近なことはわかりにくく、気づかないということ。）

身《み》から出《で》たさび

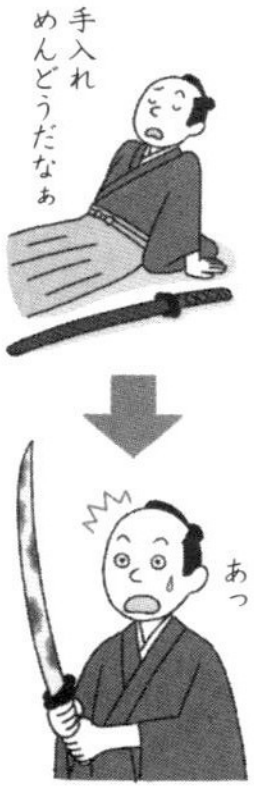
手入れめんどうだなぁ
あっ

（自分のした悪い行いのせいで、自分が苦しむこと。）

七転《ななころ》び八《や》起《お》き

（何度失敗しても、負けずにがんばること。）

時《とき》は金《かね》なり

（時間はお金のように大事なものだから、むだにしてはいけないということ。）

ちりも積《つ》もれば山《やま》となる

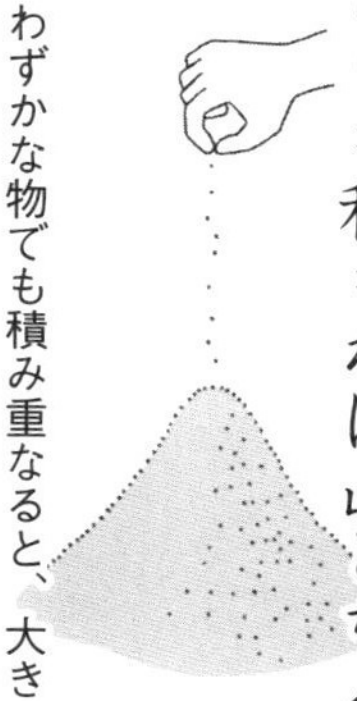

（わずかな物でも積み重なると、大きな物になるというたとえ。）

(1) 上と下の言葉を——で結んで、ことわざを作りましょう。

① 七転び・　　・出たさび

② 身から・　　・八起き

2 下の意味のことわざになるように、合うほうを〇で囲みましょう。（一つ16点）

(1) ｛雨／雪｝ふって地《じ》固まる…

［ものごとがあった後は、かえって前よりよい状態《じょうたい》になるというたとえ。］

(2) ｛公園／灯台｝もと暗《くら》し…

［身近なことはわかりにくく、気づかないということ。］

(3) ｛身／鉄｝から出たさび…

［自分のした悪い行いのせいで、自分が苦しむこと。］

(4) ｛かれ葉／ちり｝も積もれば山となる…

［わずかな物でも積み重なると、大きな物になるというたとえ。］

(5) ｛五／七｝転び八起き…

［何度失敗しても、負けずにがんばること。］

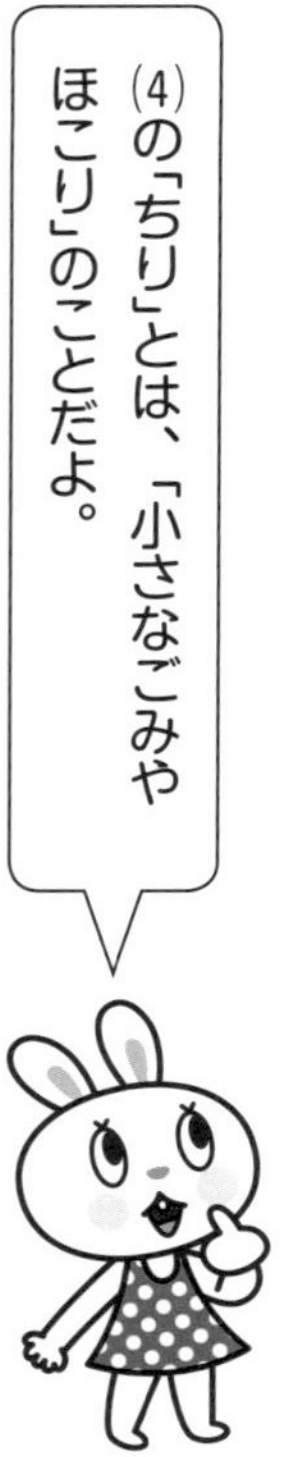

(4)の「ちり」とは、「小さなごみやほこり」のことだよ。

27 その他のことわざ ②

月　日　点

1 次の文章を読んで、後の問題に答えましょう。（一つ10点）

26回目（53ページ）の続きです。

頭《あたま》かくしてしりかくさず

（悪いことを一部分だけかくして、全部かくしたつもりになっていること。）

二階《にかい》から目薬《めぐすり》

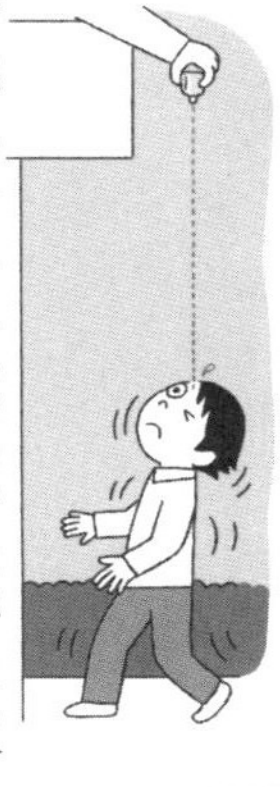

（もどかしくてじれったいこと、まるできき目がないことのたとえ。）

二度《にど》あることは三度《さんど》ある

（同じようなことは、くり返されることが多いということ。）

さわらぬ神《かみ》にたたりなし

（余計《よけい》な関《かか》わりをもたなければ、わざわいを受けることはないというたとえ。）

残《のこ》り物《もの》には福《ふく》がある

（人が先に取って残った物には、思いがけない幸運があるということ。）

仏《ほとけ》の顔《かお》も三度《さんど》

（どんなに情《なさ》け深《ぶか》い人でも、何度もひどいことをされたらおこりだすことのたとえ。）

(1) 上と下の言葉を――で結んで、ことわざを作りましょう。

① さわらぬ　・　　・福がある

② 残り物には　・　　・神にたたりなし

2 下の意味のことわざになるように、合うほうを〇で囲みましょう。（一つ16点）

(1) 〔父／仏《ほとけ》〕の顔も三度 …… どんな情《なさ》け深《ぶか》い人でも、何度もひどいことをされたらおこりだすことのたとえ。

(2) 二階から〔はち／目薬〕 …… もどかしくてじれったいこと、まるできき目がないことのたとえ。

(3) 頭かくして〔しり／むね〕かくさず …… 悪いことを一部分だけかくして、全部かくしたつもりになっていること。

(4) 残り物には〔夢《ゆめ》／福〕がある …… 人が先に取って残った物には、思いがけない幸運があるということ。

(5) 〔一度／二度〕あることは三度ある …… 同じようなことは、くり返されることが多いということ。

(2)は、二階にいる人が下にいる人に目薬をさしても、うまくさせないことからできたことわざだよ。

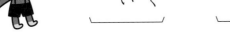

28 その他のことわざ ③

1 下の意味のことわざになるように、（　）に合う言葉を［　］から選んで書きましょう。（一つ10点）

(1) 時は（　　）なり…［時間はお金のように大事なものだから、むだにしてはいけないということ。］

(2) さわらぬ（　　）にたたりなし…［余計《よけい》な関わりをもたなければ、わざわいを受けることはないというたとえ。］

(3) 身から出た（　　）…［自分のした悪い行いのせいで、自分が苦しむこと。］

(4) 二度あることは（　　）ある…［同じようなことは、くり返されることが多いということ。］

(5) 雨ふって（　　）固まる…［もめごとがあった後は、かえって前よりよい状態《じょうたい》になるというたとえ。］

［神・金・頭・地《じ》・三度・さび］

月　日　点

2 次のことわざの意味になるように、（　）に合う言葉を［　］から選んで書きましょう。（一つ10点）

(1) 七転び八起き

何度（　　）しても、負けずにがんばること。

(2) ちりも積もれば山となる

（　　）な物でも積み重なると、大きな物になるということのたとえ。

一円玉で作ったよ

(3) 頭かくしてしりかくさず

悪いことを（　　）だけかくして、全部かくしたつもりになっていること。

(4) 二階から目薬

もどかしくてじれったいこと、まるで（　　）がないことのたとえ。

(5) 残り物には福がある

人が先に取って残った物には、思いがけない（　　）があるということ。

失敗・幸運・ききめ・わずか・一部分

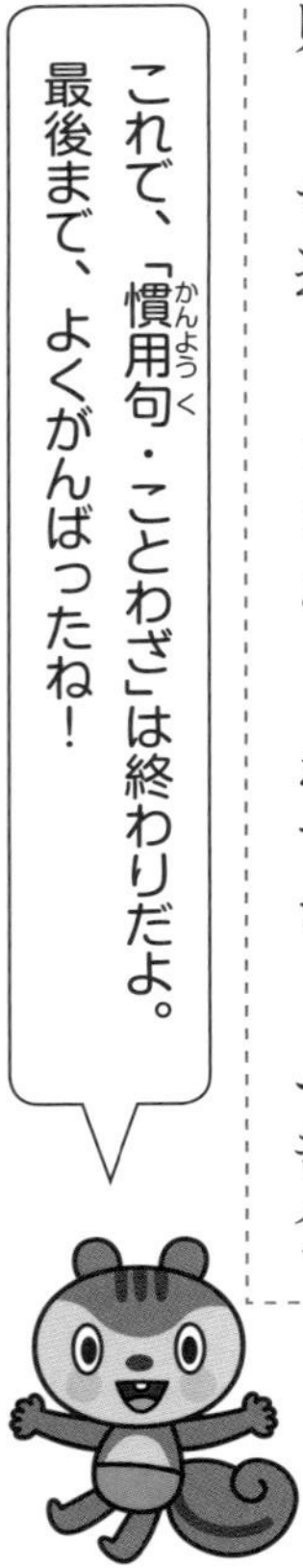
これで、「慣用句《かんようく》・ことわざ」は終わりだよ。最後まで、よくがんばったね！

答え

●言葉や文を書く問題では、全部書けて、一つの正解《せいかい》です。

1 慣用句《かんようく》　3・4ページ

1
(1) ①—焼く　②—ぼうになる　③—なみだ　④—ぬぐ

2
(1)うでまえ　(2)足
(3)こまる　(4)降参
(5)ひきしめる

2 体の部分を使った慣用句《かんようく》①　5・6ページ

1 体の部分を表す言葉を使った慣用句《かんようく》を覚えましょう。

2
(1)手　(2)頭　(3)目
(4)はら　(5)むね

3 体の部分を使った慣用句《かんようく》②　7・8ページ

1
(1) ( )(〇)　(2) (〇)( )
(3) (〇)( )　(4) ( )(〇)

2
(1)手に入れた
(2)目を丸くする
(3)首を長くして
(4)むねをいためる
(5)はらを立てる

4 「手」を使った慣用句《かんようく》①　9・10ページ

1
(1) ①—手助けを…。　②—どうする…。　③—それを…。

2
(1)手　(2)足　(3)貸す
(4)とる　(5)あせ

5 「手」を使った慣用句《かんようく》②　11・12ページ

1
(1) (〇)( )　(2) ( )(〇)
(3) (〇)( )　(4) ( )(〇)

2
(1)手を貸した
(2)手がかかった
(3)手にとるように
(4)手にあせをにぎった
(5)手も足も出なかった

6 「足」を使った慣用句《かんようく》①　13・14ページ

1
(1)
① ― わざわざ…。
② ― 人の成功や…。
③ ― 態度や…。

2
(1) 足
(2) 運ぶ
(3) ひっぱる
(4) 足下
(5) 地

7 「足」を使った慣用句《かんようく》②　15・16ページ

1
(1) （○）（　）
(2) （　）（○）
(3) （　）（○）
(4) （　）（○）

2
(1) 足を運んだ
(2) 足のふみ場もない
(3) 足をひっぱった
(4) 足下にもおよばない
(5) 足が地につかない

8 「目」を使った慣用句《かんようく》①　17・18ページ

1
(1)
① ― きょりが…。
② ― 特に注目する。
③ ― 感心したり…。

2
(1) 目
(2) 鼻
(3) 見張る
(4) うかぶ
(5) 当て

9 「目」を使った慣用句《かんようく》②　19・20ページ

1
(1) （　）（○）
(2) （　）（○）
(3) （○）（　）
(4) （　）（○）

2
(1) 目を付けて
(2) 目と鼻の先
(3) 目も当てられなかった
(4) 目を見張る
(5) 目にうかぶ

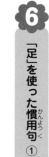

10 「口」を使った慣用句《かんようく》① 21・22ページ

1
(1) ① 話の中に…。
② 飲んだり…。
③ 言っては…。

（①—飲んだり…。 ②—言っては…。 ③—話の中に…。）

2
(1) 口
(2) すべる
(3) はさむ
(4) する
(5) とがらせる

11 「口」を使った慣用句《かんようく》② 23・24ページ

1
(1) （◎）（　）
(2) （　）（◎）
(3) （　）（◎）
(4) （　）（◎）

2
(1) 口がすべって
(2) 口をそろえて
(3) 口をとがらせた
(4) 口をはさむ
(5) 口にした

12 体の部分を使った慣用句《かんようく》――まとめ 25・26ページ

1
(1) 目
(2) 口
(3) 足
(4) うで
(5) 手

2
(1) 足がぼうになる
(2) 手がかかる
(3) 目も当てられない
(4) 口をそろえて
(5) 足下にもおよばない

13 その他の慣用句《かんようく》① 27・28ページ

1
(1) ① おたがいに…。
② 知らない…。

（①—知らない…。 ②—おたがいに…。）

2
(1) 水
(2) しら
(3) 火花
(4) おひれ
(5) あな

14 その他の慣用句《かんようく》② 29・30ページ

1
(1) ① 勝ちや名よを…。
② おたがいに…。

（①—おたがいに…。 ②—勝ちや名よを…。）

2
(1) 馬
(2) ねこ
(3) お茶
(4) きゅう
(5) くぎ

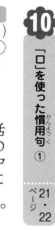

15 その他の慣用句《かんようく》③ 31・32ページ

1
(1) （　）（◎）
(2) （◎）（　）
(3) （　）（◎）
(4) （　）（◎）
(5) （　）（◎）

2
(1)水に流して
(2)しらを切って
(3)あながあったら入りたい
(4)おひれをつけて
(5)火花を散らす

16 ことわざ 33・34ページ

1
(1)
① — だんご
② — 回れ
③ — 急げ
④ — 三年

※③の「善《ぜん》は急げ」は、「よいと思ったことは、迷《まよ》うことなくすぐに実行せよ、ということ。」です。

2
(1)遠回り・早い
(2)見て・役立つもの
(3)しんぼう・成功

17 生き物を使ったことわざ① 35・36ページ

1 生き物を表す言葉を使ったことわざを覚えましょう。

2
(1)ねこ
(2)さる
(3)馬
(4)すっぽん
(5)はち

18 生き物を使ったことわざ② 37・38ページ

1
(1)ウ　(2)ア　(3)イ
(4)オ　(5)エ

2
(1)さる　(2)馬
(3)えび　(4)はち
(5)すっぽん

19 「ねこ・犬」を使ったことわざ① 39・40ページ

1
(1)
① — ぼうに当たる
② — 小判
③ — 変わる

2
(1)ねこ
(2)手
(3)目
(4)犬
(5)手

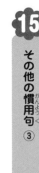

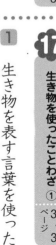

20 「ねこ・犬」を使ったことわざ② 41・42ページ

1 (1)ウ (2)ア (3)イ (4)オ (5)エ

2 (1)小判 (2)目 (3)手 (4)ぼう (5)犬

21 「鳥・虫」を使ったことわざ① 43・44ページ

1 (1) ① ― あとをにごさず
② ― 夏の虫
③ ― 五分のたましい

2 (1)つる (2)たか (3)鳥 (4)虫 (5)虫

22 「鳥・虫」を使ったことわざ② 45・46ページ

1 (1)イ (2)ウ (3)ア (4)オ (5)エ

2 (1)一声 (2)あと (3)つめ

23 その他の生き物などを使ったことわざ① 47・48ページ

1 (1) ① ― 面に水
② ― 金ぼう
③ ― 魚は大きい
④ ― 川流れ

2 (1)魚 (2)おに (3)かえる (4)ぶた (5)かっぱ

(4)火 (5)一寸

24 その他の生き物などを使ったことわざ② 49・50ページ

1 (1)イ (2)オ (3)ア (4)エ (5)ウ

2 (1)水 (2)金ぼう (3)真珠 (4)川流れ (5)大きい

25 生き物などを使ったことわざ――まとめ 51・52ページ

1
(1) さる
(2) 馬
(3) ねこ
(4) つる
(5) おに

2
(1) りっぱ
(2) ちがう
(3) 幸運
(4) 力
(5) 平気

26 その他のことわざ① 53・54ページ

1
(1) ①—八起き
②—出たさび

2
(1) 雨
(2) 灯台
(3) 身
(4) ちり
(5) 七

27 その他のことわざ② 55・56ページ

1
(1) ①—神にたたりなし
②—福がある

2
(1) 仏
(2) 目薬
(3) しり
(4) 福
(5) 二度

28 その他のことわざ③ 57・58ページ

1
(1) 金
(2) 神
(3) さび
(4) 三度
(5) 地

2
(1) 失敗
(2) わずか
(3) 一部分
(4) ききめ
(5) 幸運